LE GRAND LIVRE DES LICORNES

MANUEL OFFICIEL

Merci tout particulièrement à Jonny Leighton

Traduction de Marie Leymarie

Édition originale
Édition : Sophie Schrey
Graphisme : Claire Cater
Graphisme de couverture : Angie Allison

Édition française
Suivi éditorial : Aurélien d'Almeida
Maquette : Laure Massin

ISBN : 978-2-07-511016-7
Titre original : *The Magical Unicorn Society - Official Handbook*
Publié en 2018 par Michael O'Mara Books Limited, Londres.

Numéro d'édition : 354053
Loi n° 49-956 du 16 juillet 1949 sur les publications destinées à la jeunesse
Premier dépôt légal : janvier 2019
Dépôt légal : mars 2019
Imprimé en Italie par Elcograf

PEFC
PEFC/18-32-03
Certifié PEFC
Ce produit est issu de forêts gérées durablement et de sources contrôlées
www.pefc-france.org

Le papier de cet ouvrage est composé de fibres naturelles, renouvelables, recyclables et fabriquées à partir de bois provenant de forêts gérées durablement.

LE GRAND LIVRE DES LICORNES

MANUEL OFFICIEL

Écrit par Selwyn E. Phipps
Illustré par Harry et Zanna Goldhawk
et Helen Dardik

Gallimard Jeunesse

Bienvenue dans le monde des licornes !

Un petit mot de l'auteur

Bonjour ! Je me présente, Selwyn E. Phipps, actuel président de la Confrérie des Licornes Magiques. Mes amis m'appellent Selwyn – et je vous encourage à faire de même. Si vous avez ouvert ce livre, c'est que vous aimez les licornes, je suppose ? Alors nous allons fabuleusement nous entendre ! Mais avant toute chose, quelques mots à mon sujet. J'ai commencé à m'intéresser aux licornes quand j'étais petit garçon. Ma mère était une exploratrice passionnée qui parcourait le monde afin de découvrir tout ce qu'elle pouvait sur ces créatures magiques. Lors des longues soirées d'hiver, nous nous installions près du feu et elle me contait ses voyages. Je rêvais de suivre ses pas un jour. Des années plus tard, mon rêve est devenu réalité lorsque j'ai été recruté comme observateur par la Confrérie des Licornes Magiques, et je ne compte plus le nombre d'expéditions auxquelles j'ai participé. J'ai gravi des montagnes, parcouru des déserts, traversé des marécages, guidé par le seul espoir d'apercevoir une licorne Joyau des Montagnes ou une Flamme du Désert.

J'ai eu la chance, au cours de ma carrière, de rencontrer des licornes appartenant aux sept familles qui existent encore aujourd'hui. En tant que 101e président de la Confrérie, et mes jours d'explorateur étant maintenant loin derrière moi, je suis prêt à vous transmettre tout ce que je sais.
Je vous conseille de vous installer confortablement, parce qu'il y a beaucoup à découvrir et à apprendre.
Si tant est que vous croyiez aux licornes, naturellement…

Selwyn

101e président de la Confrérie
des Licornes Magiques

Qu'est-ce que *la* Confrérie *des* Licornes Magiques ?

La Confrérie des Licornes Magiques rassemble tous les amoureux des licornes. Le travail des membres de la Confrérie consiste à réunir toutes les connaissances disponibles sur ces merveilleuses créatures et, naturellement, à les protéger quand elles sont en danger. Nous suivons les licornes dans leur habitat naturel, puis nous publions des comptes-rendus de nos observations et nous collectons toutes les histoires dont elles sont les héroïnes.

Donc, si vous voulez tout savoir sur les licornes, vous avez frappé à la bonne porte ! (Bon, nous ne savons peut-être pas absolument tout, ne soyons pas prétentieux !)
La Confrérie a des bureaux dans le monde entier, de Paris à Madrid, de Hong Kong à Tokyo, de New York à Buenos Aires. Le mien est un vieux bâtiment niché à Silver Square, au sud de Londres, au milieu d'un ensemble charmant de maisons victoriennes. C'est actuellement le siège de la Confrérie, mais celui-ci a connu de multiples déménagements au cours de sa longue histoire.
Silver Square abrite la vaste bibliothèque de la Confrérie, qui contient toutes les connaissances accumulées au cours des siècles par nos intrépides collaborateurs. Les documents les plus anciens remontent à l'Égypte antique. Les pharaons avaient découvert les licornes Flamme du Désert lors de leurs traversées du Sahara. Ils envoyèrent des guerriers pour les capturer et les domestiquer. Quelle absurdité ! Nul n'a jamais pu apprivoiser une licorne. Heureusement, les pharaons avaient aussi envoyé leurs plus grands savants

en missions d'observation. Ce sont leurs parchemins que nous conservons précieusement à la bibliothèque. Au fil des siècles, des personnalités de tous horizons ont rencontré des licornes. Une reine viking, connue sous le nom de Thora la Brave, avait noué un lien spécial avec une Vagabonde des Glaces, qu'elle trouva blessée au milieu des plaines enneigées du Nord. Lors de ce terrible voyage, la reine souffrit de gelure et perdit trois doigts, mais elle prit la peine d'écrire tout ce qu'elle avait découvert sur ces créatures solitaires. Puis il y eut le jeune roi Dagobert, qui vivait en France au Moyen Âge, et qui rencontra une magnifique Fleur des Bois. Malheureusement pour ce jeune prétentieux, la rencontre ne se passa pas tout à fait comme il l'aurait souhaité...

Mais ce n'est pas avant le XVIe siècle, dans l'Italie de la Renaissance, que fut fondée la Confrérie des Licornes Magiques, par Luca di Bosco et Alessandra Massima. Ils consacrèrent leur vie à réunir des informations sur les licornes et, ensemble, ils rédigèrent et illustrèrent la première encyclopédie qui leur fût entièrement consacrée.

Ainsi, comme vous le voyez, nous comptons parmi nous aussi bien d'illustres membres de la noblesse que d'innombrables explorateurs sans peur et sans reproche. Nos membres poursuivent humblement la tâche de leurs prédécesseurs. Notre Confrérie n'a jamais été aussi puissante qu'aujourd'hui, mais il est toujours possible d'espérer mieux. C'est dans l'espoir de susciter des vocations parmi les jeunes générations que je vous ai raconté notre histoire…

Promenons-nous au pays des licornes...

À la découverte des licornes

Depuis qu'il y a des hommes, il y a des licornes. En réalité, les licornes peuplent même la Terre depuis bien plus longtemps que les hommes. La licorne d'Or et la licorne d'Argent auraient été les premières de leur espèce. Elles vivaient aux tout premiers temps du monde, quand les créatures magiques étaient aussi répandues que les nuages dans le ciel. Toutes sortes d'êtres enchantés cohabitaient alors sur Terre, des fées aux pieds légers aux colonies de nymphes farceuses, en passant par les dragons au souffle de glace. Contrairement aux licornes d'Or et d'Argent, nombre de ces créatures existent toujours – mais il faut savoir où les trouver. Quand les hommes apparurent, ils vécurent d'abord en parfaite harmonie avec les licornes. Mais les choses se gâtèrent lorsque les hommes se répandirent sur la surface de la planète et qu'ils découvrirent la mécanique, l'électricité, l'industrialisation. L'homme, obnubilé par la technologie, en oublia l'ancienne magie.

Plus le monde devint bruyant et agité, plus les licornes se firent discrètes. Elles se retranchèrent dans les montagnes et au plus profond des forêts, utilisant leur parfaite connaissance de la nature pour se dissimuler aux regards.
Au fil des décennies, leurs pouvoirs magiques évoluèrent. Grâce à leur crinière, certaines licornes peuvent se rendre invisibles à volonté, ce qui leur permet d'aller et venir sans crainte.
D'autres sont capables de voler. Si vous tentez de les approcher, elles disparaîtront en un clin d'œil.
Parce qu'elles sont difficiles à trouver, certains s'imaginent que les licornes appartiennent aux contes de fées. Mais nous, à la Confrérie, nous savons qu'elles existent réellement.
On en recense sept grandes familles – les Joyaux des Montagnes, les Lunes d'Eau, les Fleurs des Bois, les Flammes du Désert, les Vagabondes des Glaces, les Suiveuses d'Orage et les Ombres de Nuit. Vous trouverez dans les pages suivantes une carte des lieux où elles ont été repérées.

Où trouver des licornes ?

Les licornes sont aujourd'hui répandues dans le monde entier. Cette carte recense leur région d'origine, ainsi que les bureaux les plus importants de la Confrérie.

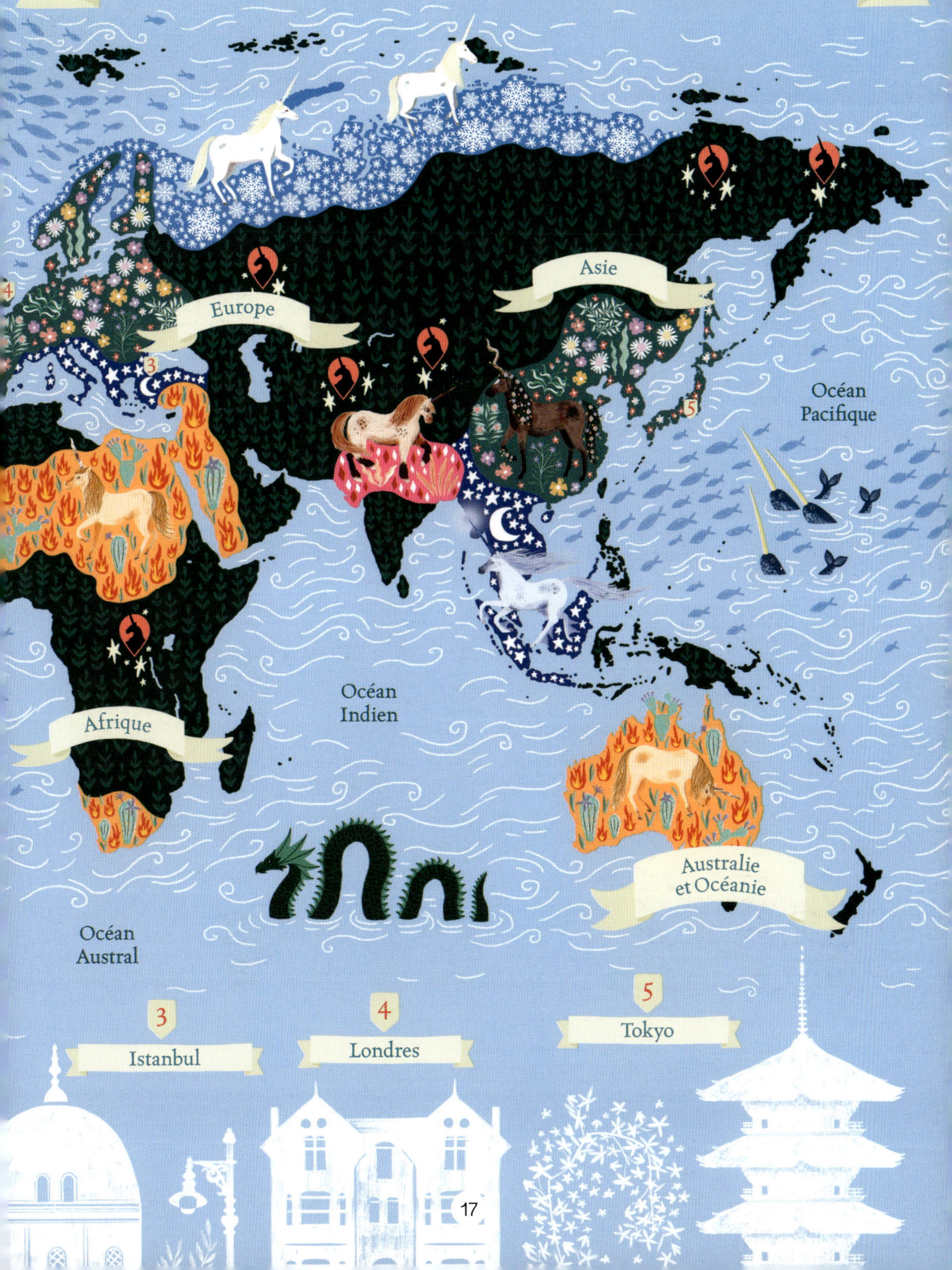

Le MYTHE *de la* LICORNE D'OR *et de la* LICORNE D'ARGENT

Les toutes premières licornes vivaient en des temps si reculés que nous ne disposons que des récits partagés autour du feu par les premiers nomades qui peuplèrent la Terre. De nombreuses histoires circulent aujourd'hui, mais toutes s'accordent sur le fait que les deux premières licornes furent une licorne d'Or et une licorne d'Argent.

Ces histoires commencent toutes dans un passé lointain et brumeux, près d'une rivière magique au cœur de l'Himalaya. Tant de créatures magiques ont surgi de cette rivière que les montagnes environnantes fourmillaient d'êtres surnaturels de toutes tailles et de toutes formes. On y trouvait des oiseaux à quatre ailes qui pouvaient voler aux confins de l'atmosphère et des papillons lumineux qui éclairaient la nuit comme des étoiles. Mais les êtres magiques n'étaient pas tous beaux et paisibles, et parmi les créatures dangereuses, les plus féroces étaient les dragons d'Hiver.

Ces monstres de dix mètres de long, aux ailes immenses comme des voiles, étaient couverts d'étincelantes écailles bleu glacier. Leurs yeux étaient semblables à des saphirs, et leur queue à un fouet en métal. Ils vivaient dans des grottes profondes dont ils ne sortaient que pour chasser. Contrairement à leurs congénères, les dragons d'Hiver ne crachaient pas de feu, mais un souffle glacé qui gelait sur place leurs victimes, dont ils ne faisaient ensuite qu'une bouchée.

Les dragons d'Hiver représentaient un danger mortel pour les créatures pacifiques qui peuplaient les vallées au pied des montagnes. Subissant leurs attaques répétées, elles vivaient dans une peur continuelle. Une rencontre avec un dragon d'Hiver allait changer la vie de deux chevaux à jamais.

Un soir, nos deux chevaux broutaient paisiblement l'herbe moelleuse et les baies qui poussaient dans les prairies. Le soleil déclinait à l'horizon et le ciel rougeoyait. Soudain, dans ce ciel magnifique surgit un terrifiant dragon. La jument fauve et le cheval gris firent volte-face pour s'enfuir.

Le monstre souffla et une glace épaisse recouvrit arbres et buissons. Les chevaux hennirent de peur, se cabrèrent et partirent au galop vers les montagnes. Même si le terrain était difficilement praticable, c'était leur seule chance de s'en sortir.

Plus ils grimpaient, plus l'air devenait mordant et plus leurs sabots glissaient sur la roche. Apercevant un piton rocheux, la jument s'y précipita. Le cheval gris la suivit et ils se blottirent l'un contre l'autre. À l'abri du rocher, ils étaient protégés, mais prisonniers.

Le souffle du dragon gela leurs queues, mais ses griffes immenses ne purent les attraper. Lorsque le monstre ailé rugit et s'éleva dans le ciel pour reprendre de l'élan, les chevaux en profitèrent pour s'enfuir. Ils s'élancèrent au triple galop vers un col, d'où tombait une cascade tumultueuse - c'était là que la magie de la rivière était le plus puissante.

Le rugissement de la cascade était assourdissant et les abords noyés dans un épais brouillard. Les chevaux réalisèrent avec effroi qu'ils n'avaient d'autre choix que de plonger dans la cascade pour rejoindre l'autre bord. Mais ils n'avaient aucune crainte à avoir : la rivière n'avait jamais rejeté un animal au cœur pur, ni un animal en détresse. Et jamais détresse ne fut aussi grande que la leur.

Les chevaux plongèrent dans la cascade au moment même où le soleil touchait la ligne d'horizon. Sous les trombes d'eau, ni l'un ni l'autre ne voyait rien, ils ne pouvaient qu'avancer. Puis la magie opéra. Le dernier rayon de soleil se réfléchit sur la chute d'eau et la métamorphose eut lieu. Quand ils émergèrent de l'autre côté, ils n'étaient plus des chevaux, mais des licornes.

La jument fauve était dorée de la tête à la queue, et sa nouvelle corne brillait autant que le soleil. Le cheval gris, lui, était argenté avec une corne argent clair, et son pelage luisait comme un reflet de lune. Ils étaient plus grands et plus forts, et n'allaient pas tarder à découvrir qu'ils disposaient de merveilleux pouvoirs magiques.

Les licornes n'eurent pas le temps de s'étonner de leur soudaine métamorphose, car le dragon d'Hiver fondait sur elles. Elles prirent la fuite et bondirent sur un rebord enneigé. Le dragon, qui les talonnait, attaqua. La licorne d'Argent heurta alors le sol de son sabot. Son poil devint soudain plus brillant et éblouit le dragon. Quand la licorne d'Or frappa à son tour le sol, une énorme avalanche se déclencha et entraîna le dragon dans le vide.

Les deux licornes étaient stupéfaites, mais elles n'étaient pas au bout de leurs surprises. Elles se découvrirent encore d'autres pouvoirs. Elles étaient maintenant capables de grimper dans la montagne à vive allure et pouvaient se rendre invisibles à volonté. Elles n'avaient plus à craindre les dragons d'Hiver.

Les jours suivants, leur magie ne fit que croître. Elles s'enhardirent et décidèrent de quitter les prairies enchantées pour explorer le vaste monde. Chaque fois qu'elles trouvaient un lieu propice, elles baissaient la tête et effleuraient le sol de leur corne. Instantanément surgissait une nouvelle famille de licornes, chacune différente et unique. C'est ainsi que les sept familles de licornes s'établirent du Nord polaire aux sables torrides du désert.

Ce que l'on sait sur la licorne d'Or et la licorne d'Argent

Spécificité

Les licornes d'Or et d'Argent furent les premières licornes à apparaître, à l'époque où la magie était présente partout sur Terre.

Corne

L'une avait une corne couleur or et l'autre argent clair.

Apparence physique

Ces licornes avaient des poils courts et lisses, et des crinières entremêlées de fils d'or et d'argent.

Habitat

Elles vivaient dans des vallées luxuriantes, à l'ombre d'immenses montagnes.

Magie

Invisibilité – Capacité à produire des ondes de choc et de la lumière – Vitesse – Pouvoir de faire naître de nouvelles licornes.

Symbole

Les licornes d'Or et d'Argent représentent la vie nouvelle.

Que mangent les licornes ?

Les licornes ont beaucoup d'appétit.
Leur régime de base est constitué d'herbe,
de plantes, de fleurs et de baies.
Cependant, comme chez les humains,
leur alimentation varie en fonction de leur habitat.
Dans les pages suivantes, vous allez découvrir
leurs plantes préférées.

En milieu froid

Les licornes qui vivent dans les étendues polaires doivent creuser la glace pour trouver de quoi se nourrir.

Raisin d'ours

Aide à garder une température corporelle élevée.

Algues rouges

Riches en vitamines, pour un pelage sain.

Saule arctique

Renforce la vitesse et l'agilité.

Pavot arctique

Améliore la vue - très utile pendant les longs hivers sombres.

En milieu montagneux

Les montagnes regorgent de plantes et de fleurs,
qui font les délices des licornes.

Vigne vierge à trois pointes

Idéale pour garder le poil des Joyaux des Montagnes brillant et épais.

Oignon de l'Himalaya

Ses feuilles durcissent la corne des sabots.

Orchidée jaune et blanc

Renforce les muscles – très important pour garder son équilibre sur les pentes montagneuses.

Jasione des montagnes

Fait la joie des licornes gourmandes.

En milieu aride

Dans les déserts secs et brûlants, les licornes doivent rivaliser de ruse pour trouver la nourriture dont elles ont besoin pour survivre.

Cactus cierge

Très riche en eau et en nutriments – les Flammes du Désert utilisent leur corne pour le percer.

Phacélie

Excellente pour le cœur.

Agave

Affine l'ouïe des licornes.

Stramoine de Wright

Un poison pour toutes les créatures, hormis les licornes. Elle leur donne un regain d'énergie.

En milieu aquatique

Les licornes qui vivent près des océans, des lacs ou des rivières n'ont que l'embarras du choix.

Ancolie

Renforce les pouvoirs magiques des licornes.

Souci

Ses pétales sucrés sont un véritable régal.

Nénuphar nain

Améliore la vitesse et la souplesse.

Lotus rose

Ses graines offrent une excellente protection contre le soleil.

Les

JOYAUX DES MONTAGNES

Les licornes Joyaux des Montagnes sont fortes, sauvages et endurantes. Il le faut bien, car elles vivent dans des environnements parmi les plus hostiles de la planète, de l'Himalaya aux Andes, des Alpes à l'Hindou Kouch.

Les licornes Joyaux des Montagnes sont capables de parcourir de très longues distances dans des paysages de glace et de roche, mais aussi de survivre en haute altitude et de supporter des hivers très rudes.

Leur couleur et leur allure changent selon leur habitat. En Amérique du Sud, les Joyaux des Montagnes sont gris perle moucheté de vieux rose. Leur pelage épais et touffu leur tient chaud, tandis que leur magnifique corne corail leur sert de torche la nuit. Elle leur permet également de communiquer à distance. Ces licornes aiment la solitude et errent au milieu des lacs salés et des contreforts montagneux à la recherche de nourriture et d'un abri.

Les Joyaux des Montagnes d'Asie centrale, quant à elles, sont bien plus sociables. Elles vivent généralement en groupe de cinq ou six, mais on raconte qu'elles peuvent former des hardes d'une centaine d'individus. Leur territoire est immense. Au printemps et en été, elles voyagent à travers les steppes d'Asie centrale, idéales pour le pâturage, mais au fur et à mesure que l'année avance, elles mettent le cap vers le sud, vers les montagnes de l'Hindou Kouch et de l'Himalaya.

Les Joyaux des Montagnes d'Asie centrale sont marron clair, presque fauve, avec des taches sombres pour certaines. Leur corne, en opale noire constellée d'éclats bleus, roses et verts, ne produit pas de lumière, mais de la chaleur.

Les Joyaux des Montagnes sont connues pour leur caractère bourru. Ce sont des animaux incroyablement robustes et résistants. On les voit continuer à avancer dans des conditions où tout autre qu'elles serait mort d'épuisement. Il arrive souvent qu'elles se chicanent et se battent entre elles, se donnant même parfois des coups de corne. On ne connaît pas réellement la cause de cette agressivité. Peut-être sont-elles irritées de vivre sans cesse entourées de leur famille et de leur harde.

J'ai vu de mes propres yeux se battre deux magnifiques Joyaux des Montagnes. J'étais jeune alors, et je parcourais le Népal quand j'ai aperçu deux jeunes mâles en train de se quereller. Ils ne s'aperçurent pas de ma présence, car j'étais caché par un rocher. Lorsque leurs cornes se touchaient, des étincelles colorées fusaient dans toutes les directions, comme un feu d'artifice une nuit de 14 Juillet. J'eus le malheur d'éternuer - grave erreur de ma part. Ils cessèrent immédiatement de se battre et dévalèrent la pente sans un regard pour moi.

Une fois de retour, je passai quelques jours auprès d'une érudite, membre de la Confrérie, qui s'appelait Ditya Giri. Elle me raconta les légendes locales sur les licornes et me montra sur les murs d'un temple une fresque représentant la Bataille des Joyaux Étincelants, qui eut lieu il y a environ mille ans de cela près de la ville de Mandu.

À l'époque, Mandu était une bourgade commerçante qui vendait de la soie, des épices, des fruits et des légumes. Elle avait ceci de particulier que les montagnes qui l'entouraient abritaient des mines de pierres précieuses - émeraudes, opales, saphirs et diamants. Les habitants savaient qu'ils devaient cette richesse aux Joyaux des Montagnes et ils leur en étaient profondément reconnaissants.

En effet, quelques siècles plus tôt, la ville avait connu un engouement particulier pour les licornes, au point que certains décidèrent même de vivre parmi elles. Il fallut des années à ces hommes, qu'on appela « les murmureurs », pour conquérir la confiance des Joyaux des Montagnes.

Non seulement ils se firent accepter d'elles, mais elles leur montrèrent les mines secrètes regorgeant de pierres précieuses.

Naturellement, la prospérité de Mandu suscita la jalousie parmi les bourgades voisines, et la ville devint la cible de brigands en tout genre. Une nuit, une bande mit le feu à son enceinte. Les flammes se propagèrent rapidement et réduisirent en cendres la grande porte en bois qui protégeait la ville. Quand les dernières flammes s'éteignirent, les bandits avaient entièrement pillé Mandu et volé jusqu'au dernier diamant.

Les habitants se réunirent alors et formèrent un bataillon avec leurs meilleurs guerriers. Ceux-ci pourchassèrent les bandits à travers la montagne jusque dans la vallée, où ils s'affrontèrent. La Bataille des Joyaux Étincelants dura quinze longs jours, et causa de nombreuses morts. Au seizième jour, Mandu était sur le point de perdre.

Les généraux firent venir les murmureurs afin de prier pour les morts et les blessés. Alors qu'ils récitaient solennellement l'Invocation aux licornes, il se produisit un phénomène incroyable. Ceux qui avaient perdu la vie dans la bataille se transformèrent en Joyaux des Montagnes.

Avec ce nouveau renfort, les soldats de Mandu reprirent courage et repartirent à la charge. Le pouvoir des licornes leur donna la victoire. Ils écrasèrent les bandits et reprirent possession de leurs richesses. Les survivants allèrent reconstruire la ville incendiée, et les autres rejoignirent la harde des Joyaux des Montagnes.

Au fil des siècles, la ville de Mandu a connu des périodes fastes et d'autres de vaches maigres. Cependant, son destin a toujours été lié aux Joyaux des Montagnes et c'est pourquoi, aujourd'hui encore, c'est un centre de recherches important, et l'une des destinations favorites des spécialistes.

Ce que l'on sait sur les Joyaux des Montagnes

Spécificité

Ce sont les plus fortes et les plus endurantes des licornes.
Elles sont farouchement loyales les unes envers les autres.

Corne

La corne des Joyaux des Montagnes d'Asie centrale est en opale et très recourbée. Celle des Joyaux des Montagnes d'Amérique du Sud lui ressemble, mais elle est en corail.

Apparence physique

Les Joyaux des Montagnes d'Amérique du Sud ont un pelage épais, gris perle moucheté de vieux rose. Leurs cousines d'Asie centrale ont une robe fauve avec des taches sombres.

Habitat

Ces licornes vivent dans les régions montagneuses. Elles sont capables de supporter des températures très basses et un vent glacial.

Magie

Peuvent émettre de la lumière ou de la chaleur avec leur corne – Endurance – Vivent incroyablement longtemps.

Symbole

Les Joyaux des Montagnes sont associés à la prospérité, au courage et à la persévérance.

Si tu crois aux licornes,
tu remarqueras
leur présence tout autour
de toi, comme
un brouillard qui se lève
sur un paysage illuminé
de soleil.

La symbolique des licornes

Tout au long de l'histoire, l'image des licornes a servi à symboliser certaines valeurs ou idéaux. Leur beauté leur a valu d'être représentées un peu partout dans le monde – sur les armoiries royales comme dans les œuvres d'art.

L'étendard de Thora la Brave

On reconnaît facilement une Vagabonde des Glaces loyale sur le drapeau de cette reine viking.

Un blason médiéval

Sur cet emblème, deux Fleurs des Bois protègent l'arbre de la connaissance.

Les armoiries officielles de la Confrérie des Licornes Magiques

Ces licornes représentent le pouvoir et le prestige.

Dessins de licornes dans l'art grec

Les Lunes d'Eau et les Ombres de Nuit étaient connues des civilisations antiques, et on les retrouve sur leurs poteries.

Des Flammes du Désert sur les fresques tombales

En Égypte ancienne, on peignait des Flammes du Désert sur les murs des sépultures.

Statue d'Ombre de Nuit

Les Ombres de Nuit apparaissent aussi bien le jour que la nuit dans les rêves, et de nombreux artistes ont tenté de les capturer dans leurs œuvres. Certaines statues sont réputées porter malheur.

Les
LUNES D'EAU

Les Lunes d'Eau sont d'étranges créatures,
presque à l'opposé de leurs cousines terrestres,
les Joyaux des Montagnes.
Elles sont incroyablement difficiles à apercevoir.
Le seul moment où on peut les voir,
c'est lors des nuits claires et étoilées.

On trouve les Lunes d'Eau sur les rives des plus grands fleuves du monde : le Nil en Égypte, la Tamise en Angleterre, le Yang-Tsé en Chine ou le Gange en Inde. On les aperçoit aussi autour des Grands Lacs d'Amérique du Nord et sur les rivages des océans, comme à San Francisco. Dans les contes, elles apparaissent sous forme de chevaux fantômes qui surgissent des vagues, mais les Lunes d'Eau sont inoffensives et n'ont rien à voir avec des fantômes.

Ces licornes ne vivent pas au bord de l'eau, mais dans l'eau. Au fil des siècles, les marins ont raconté en avoir aperçu lors de tempêtes, galopant à travers les vagues. Les Lunes d'Eau sont les amies des navigateurs, et guident les bateaux lors des nuits obscures et agitées.

Les Lunes d'Eau ont les queues et les crinières les plus longues de toutes les licornes. Leur queue touche le sol - ou l'eau - et quand elles courent au grand galop, leur crinière flotte jusqu'à leur croupe. Les licornes des rivières sont souvent d'un blond presque blanc, avec une corne en cristal scintillant, tandis que les licornes des océans et des lacs sont bleu pâle, avec une corne en saphir. Leur corne leur sert de flambeau pour prévenir ou guider les marins égarés, un peu comme la lumière d'un phare.

C'est un jeune peintre italien, Luca di Bosco, qui témoigna le premier de sa rencontre avec une Lune d'Eau.
C'est aussi lui qui fut à l'origine de la création de la Confrérie des Licornes Magiques.

Luca naquit en Italie au milieu du XVIe siècle - une formidable époque de progrès et de découvertes.
Un savant nommé Galileo Galilei allait réinventer les lois de l'astronomie et un artiste du nom de Michelangelo venait de peindre une fresque extraordinaire sur le plafond de la chapelle Sixtine, au Vatican. Luca rêvait de devenir lui aussi un artiste célèbre.

Il quitta sa ville natale pour Venise, où il devint apprenti auprès d'un peintre. Il s'entraîna pendant des années, perfectionnant sa technique et explorant la ville aux mille canaux. Venise était un carrefour commercial, et de riches marchands du monde entier venaient y acheter des tableaux et de la porcelaine peinte à la main.

Une nuit, alors que Luca marchait dans les rues de Venise, il réalisa qu'il était suivi. Il ne fut pas surpris : les ruelles tortueuses étaient un véritable terrain de jeu pour les voleurs.

Lorsque les deux brigands arrivèrent à sa hauteur, ils se jetèrent sur lui. L'un lui arracha son argent et l'autre lui asséna un coup de poing dans la mâchoire qui l'envoya dans le canal.

Incapable de nager, Luca s'enfonça dans les profondeurs de l'eau boueuse. Tandis qu'il était gagné par le désespoir, il remarqua une étrange lumière vacillante au fond du canal. Elle devint de plus en plus vive et il discerna un animal à travers l'obscurité - était-ce un cheval ? Épuisé, pris de délire, il s'évanouit, mais il eut le temps de remarquer une corne en cristal scintillant sur la tête de l'animal.

Lorsqu'il reprit conscience, Luca était étendu par terre sur le quai du canal. Il avait échappé de peu à la mort. Les rues étaient désertes. Qui l'avait secouru ? Avait-il été sauvé par l'étrange créature aquatique ? Cela semblait la seule explication possible. La créature ressemblait fortement à une licorne - mais Luca croyait que c'était des animaux imaginaires qui n'existaient que dans les mythes...

Luca se rétablit, mais sa vie s'en trouva profondément transformée. Il se mit à peindre l'animal à corne qu'il avait vu sous l'eau, qu'on retrouve d'ailleurs dans son œuvre la plus célèbre. Il se mit aussi à avoir d'étranges visions - il se voyait en train de voyager dans des contrées lointaines et de parler à d'autres personnes qui avaient rencontré ces créatures insaisissables.

On jour, alors qu'il travaillait dans son atelier, une femme appelée Alessandra Massima frappa à sa porte. Elle se présenta. C'était une marchande qui venait de Florence et qui faisait aussi métier de relieuse. Par son travail, elle avait vu une des peintures de Luca. Elle lui expliqua qu'elle avait elle aussi rencontré une licorne et que la créature qu'il avait peinte était une Lune d'Eau. Elle se lançait justement dans une expédition pour en découvrir davantage sur ces créatures magiques et elle lui proposa de se joindre à elle.

Luca était stupéfait. Voilà qu'une femme lui offrait la possibilité de voyager dans des pays étrangers, comme dans ses visions ! En un instant, sa décision fut prise. Il fit ses bagages et embarqua à bord du navire marchand d'Alessandra. Ensemble, ils naviguèrent aux quatre coins du monde à la recherche des Lunes d'Eau. Ils découvrirent que tous ceux qui approchent une de ces licornes sont ensuite visités par des rêves et des visions de l'avenir.

Lorsque Luca et Alessandra revinrent à Venise, ils avaient vu toutes sortes de licornes et entendu quantité d'histoires à leur sujet. Ils dédièrent le reste de leur vie à compiler leurs connaissances et fondèrent une bibliothèque de livres écrits et reliés par Alessandra, et illustrés par les magnifiques peintures de Luca. C'est ainsi que naquit la Confrérie des Licornes Magiques telle que nous la connaissons aujourd'hui.

Ce que l'on sait sur les Lunes d'Eau

Spécificité

Les Lunes d'Eau vivent exclusivement dans l'eau ou à proximité de l'eau.

Corne

Les Lunes d'Eau qui vivent dans les rivières ont une corne en cristal translucide, tandis que les Lunes d'Eau des océans ou des lacs ont une corne en saphir.

Apparence physique

Leur queue et leur crinière sont les plus longues de toutes les licornes. Les Lunes d'Eau des rivières ont une robe blanche, tandis que celle des Lunes d'Eau des Océans est bleu pâle.

Habitat

Ces licornes vivent dans les rivières, les lacs et les océans.

Magie

Donnent aux humains qu'elles rencontrent le don de voir l'avenir – Invisibilité (sauf à la lumière de la lune).

Symbole

Les Lunes d'Eau représentent le mystère du temps.

Les
licornes
de A à Z

A pour Ancien

Les licornes galopent sur Terre depuis des milliers d'années, bien avant l'apparition des humains.

B pour Bébicorne

Nom des bébés licornes.

C pour Corne

La corne des licornes est constituée d'une matière précieuse, comme le corail, l'opale ou l'argent. Elle est souvent lumineuse.

D pour Dévouement

Il est rare de se lier d'amitié avec une licorne, mais quand une licorne est votre amie, c'est pour la vie.

E pour Éléments

Les licornes Suiveuses d'Orage ont un pouvoir sur les éclairs, le tonnerre, la pluie et le soleil.

F pour Fraternité

La famille est très importante pour les licornes – elles sont incroyablement loyales envers leurs frères et sœurs.

G pour Gracieuse

Magnifiques à regarder, les licornes se déplacent avec adresse et sûreté.

H pour Harde

Nom d'un troupeau de licornes.

I pour Invisible

Les licornes sont des créatures timides qui peuvent devenir invisibles lorsqu'elles veulent passer inaperçues.

J pour Justice

Les licornes sont des créatures justes, bonnes et respectueuses.

K pour King

En raison de leur caractère digne et fier, les licornes sont souvent utilisées comme symboles de la royauté.

L pour Légende

Les licornes font l'objet de nombreux mythes et légendes.

M pour Magie

Toutes les licornes sont dotées de pouvoirs magiques. Certaines peuvent voler, d'autres ont une force surnaturelle.

N pour Nuit

Les licornes attendent souvent l'obscurité pour se déplacer librement. Les Ombres de Nuit n'existent qu'une fois la nuit tombée.

O pour Oracle

Certains pensent que voir une licorne constitue un présage, ou un signe de ce que réserve l'avenir.

P pour Plantes

Les licornes sont herbivores. Elles se nourrissent de plantes comme les algues rouges et les ancolies.

Q pour Quête

Il n’est pas rare, après avoir rencontré une licorne, d’en faire la quête de sa vie.

R pour Rêve

Certaines licornes peuvent intervenir dans les rêves des humains. Elles envoient au rêveur une vision de l’avenir.

S pour Sagesse

Les licornes sont des animaux pleins de sagesse et chaque famille transmet ses connaissances de génération en génération.

T pour Télépathie

Certaines espèces de licornes peuvent parler entre elles, et aux humains, simplement à l’aide de leur esprit.

U pour Unique

Aucune autre créature au monde ne ressemble aux licornes.

V pour Victoire

Dans de nombreuses légendes, les licornes représentent la force du bien qui triomphe sur le mal.

X pour l’empreinte de leurs sabots

Les Ombres de Nuit laissent des empreintes en forme de X.

Z pour Zen

Ceux qui ont la chance de rencontrer une licorne éprouvent une sensation de sérénité.

Les
FLEURS DES BOIS

Le Château de Temps était autrefois une splendide citadelle où vivait une dynastie de rois et de reines au grand cœur. Il était situé en France, en haut d'une colline, et était entouré d'une forêt profonde. Ses tours se dressaient fièrement vers le ciel, ses bannières flottaient au vent et des fleurs magnifiques poussaient dans ses jardins.

Puis monta sur le trône un homme froid et cruel appelé Dagobert. Comme il traitait les royaumes voisins avec mépris, la guerre ravagea bientôt le pays et le château perdit son faste et sa superbe. Il n'était plus que l'ombre de lui-même et se tenait à présent accroupi comme un crapaud sur sa colline.

On jour, les habitants de la région, qui devaient régulièrement donner des spectacles pour divertir le roi, jouèrent une pièce qui se passait dans la forêt enchantée entourant le château. Elle évoquait un arbre magique aux feuilles d'or. Quiconque ramassait ses feuilles obtenait le pouvoir et une longue vie. Saisi d'envie, Dagobert partit dès le lendemain à la recherche de l'arbre.

Il emmena avec lui son fidèle serviteur, Antoine, un homme courageux et bon qui devait supporter brimades et paroles humiliantes à longueur de journée. Antoine avait joué dans cette forêt lorsqu'il était enfant et il connaissait bien les créatures qui y vivaient. Mais il eut beau avertir le roi du danger à s'aventurer trop profondément dans la forêt, celui-ci fit la sourde oreille.

Alors que le soir tombait, Antoine monta une tente pour le roi et ils s'installèrent pour dormir. Pendant la nuit, leur sommeil fut troublé par d'étranges bruits d'animaux et une brise incessante, comme si les arbres discutaient à voix basse.

Ils continuèrent leur quête pendant plusieurs jours. Quand les provisions vinrent à manquer, Dagobert décida de chasser. Antoine le supplia de ne tuer aucune des créatures de la forêt et de se nourrir plutôt de noisettes et de baies, mais le roi, qui adorait chasser, ne voulut rien entendre. Il fut très excité de découvrir de mystérieuses empreintes en forme de cœur.

La piste le mena à une clairière, où il aperçut une superbe créature qui ressemblait à un cheval, mais plus grande et plus gracieuse. Sa robe brun foncé semblait douce comme du velours. Une corne torsadée se dressait fièrement sur sa tête et sa crinière était entrelacée de fleurs sauvages. Comme vous l'avez deviné, c'était une licorne. Dagobert pensa immédiatement que sa tête serait du plus bel effet sur le manteau de sa cheminée.

Il leva son arc et visa. Alors qu'il allait lâcher la corde, Dagobert sentit une main pressante se poser sur son bras. « Arrêtez, je vous en supplie, monseigneur, balbutia Antoine. C'est une créature magique... »

« Traître ! » hurla Dagobert, furieux de cette impertinence qu'il était bien décidé à punir. Mais quelque chose l'arrêta. La licorne les observait de ses yeux bruns et profonds. Il régnait une atmosphère étrange... magique. Autour d'eux, ce n'était que jacassements, pépiements, coassements.

Dagobert et Antoine prirent conscience qu'ils étaient observés par une multitude d'yeux : des écureuils, des renards, des oiseaux, des souris et des cerfs les entouraient. Soudain, l'air fraîchit et le ciel s'assombrit.

La licorne parla. « Méfiez-vous de l'Arbre d'Or. » Puis, aussi soudainement qu'ils étaient apparus, la licorne et tous les animaux disparurent dans la forêt.

« Ne méprisez pas ce conseil, monseigneur, l'implora Antoine. C'était une licorne Fleur des Bois. » Mais Dagobert se contenta de sourire. La licorne et son étrange magie ne faisaient que renforcer son envie de trouver l'Arbre d'Or.

Le jour suivant, ils arrivèrent dans une zone différente de la forêt. La magie flottait dans l'air, le sol fourmillait d'insectes aussi brillants que des joyaux et les arbres semblaient s'incliner sur leur passage. Alors que le soleil se levait au matin du septième jour, Dagobert aperçut un éclat doré dans une clairière. L'arbre magique étincelait dans la lumière de l'aube.

Dagobert arracha une lourde feuille d'or. Les branches de l'arbre poussèrent un profond soupir et Dagobert sentit la magie pénétrer en lui. Il se sentit puissant et sage - immortel.

Un sourire cruel lui monta aux lèvres. Il n'avait pas remarqué que de fines racines poussaient à ses pieds, que ses bras et ses jambes se raidissaient et devenaient rugueux, que ses cheveux verdissaient et se déployaient comme une plante après l'hiver. Le temps qu'il réalise ce qui lui arrivait, il était trop tard. Il était enraciné dans la terre.

En voyant le roi se transformer en arbre sous ses yeux, Antoine fut pris d'effroi. Il tendit la main pour toucher son bras, et le trouva dur et rêche. Il crut entendre un grognement sourd qui venait du cœur de l'arbre, mais le bruit fut emporté par la brise.

Il prit alors ses jambes à son cou et courut jusqu'à épuiser ses forces et tomber évanoui. Lorsqu'il reprit connaissance, la Fleur des Bois se tenait près de lui. Elle lui donna un petit coup de museau, comme pour l'inviter à monter sur son dos. Après une journée de route, ils arrivèrent à la lisière de la forêt. Au Château de Temps, une foule s'était réunie pour le retour du roi, mais ils virent arriver Antoine seul, sur le dos d'une magnifique licorne.

Lorsque Antoine raconta ce qui s'était passé, la foule poussa des cris d'effroi. Elle connaissait le danger de voler les feuilles d'or de la forêt enchantée et savait que, comme d'autres avant lui, Dagobert allait rester prisonnier pendant des milliers d'années.

La licorne baissa la tête. « Prenez les fleurs de ma crinière et redonnez au château tout son faste », ordonna-t-elle. Une vieille femme s'avança alors hors de la foule. Elle prit les fleurs et tressa leurs tiges en une couronne qu'elle posa sur la tête d'Antoine. Le fidèle serviteur devint roi et le peuple l'acclama.

Ce que l'on sait sur les Fleurs des Bois

Spécificité

Les Fleurs des Bois sont douces, gentilles, et s'entendent à merveille avec les autres animaux.

Corne

La matière de leur corne noueuse ressemble aux bois des cerfs.

Apparence physique

Leur poil est brun foncé et doux comme du velours. Leur crinière est ornée de fleurs sauvages.

Habitat

On les trouve au plus profond des forêts.

Magie

Télépathie – Les fleurs de leur crinière ont des vertus réparatrices – Peuvent modifier le temps qu'il fait.

Symbole

Les Fleurs des Bois représentent la justice et la fidélité. Elles sont aussi associées à la royauté.

Une brève histoire des licornes

La nuit des temps

Apparition des licornes d'Or et d'Argent.
(pages 22-23)

Égypte ancienne

Les pharaons essaient en vain de capturer une Flamme du Désert. Les savants commencent à étudier cette créature magique. *(pages 9-10)*

1577

Luca di Bosco et Alessandra Massima fondent la Confrérie des Licornes Magiques.
(page 49)

1852

Mariana de Fey recense les différentes empreintes de sabot, facilitant ainsi leur repérage.
(page 79)

1868

Chester Lewis découvre que, dans l'Antiquité, les Grecs vénéraient les Ombres de Nuit.
(page 109)

930

Grâce au pouvoir des licornes, Mandu triomphe lors de la Bataille des Joyaux Étincelants.
(page 38)

975

Fatima Musa rencontre une Flamme du Désert.
(page 72)

France médiévale

Le roi Dagobert rencontre une Fleur des Bois.
(page 59)

1050

Thora la Brave sauve une Vagabonde des Glaces, puis devient reine.
(page 87)

1900

Miranda Martinez publie son essai sur les modes de communication des licornes.
(page 67)

1999

Selwyn E. Phipps devient président de la Confrérie des Licornes Magiques.
(pages 6-7)

Comment communiquer avec les licornes

Les voies mystérieuses par lesquelles ces créatures magiques communiquent entre elles ou avec les humains varient selon les différentes familles de licornes. Les observations suivantes ont été faites par Miranda Martinez en 1900.

Chant

Les Fleurs des Bois sont les plus timides de toutes les licornes. Cependant, à en croire le folklore, les humains peuvent les appeler en chantant.

Électricité

Certaines Suiveuses d'Orage communiquent grâce à des éclairs qui zèbrent le ciel.

Lumière

Les Vagabondes des Glaces qui vivent aux pôles Nord et Sud communiquent entre elles grâce à des faisceaux de lumière colorée qu'elles émettent avec leur corne.

Télépathie

Si on s'approche assez près d'une Joyau des Montagnes, on peut communiquer avec elle par télépathie, c'est-à-dire par la pensée, plutôt que par des sons ou des gestes.

Rêves

Les Ombres de Nuit apparaissent dans les rêves pour prévenir d'un danger potentiel.

Les FLAMMES DU DÉSERT

Fatima Musa aimait les animaux. Quand elle ne jouait pas avec ses animaux familiers adorés - chats, lézards, oiseaux et chiens -, elle allait au marché et observait les fermiers qui vendaient leurs chèvres, leurs vaches ou leurs chameaux. Elle ne se doutait pas alors qu'une fois adulte, elle se lierait d'amitié avec l'un des animaux les plus extraordinaires : une licorne Flamme du Désert.

Fatima vivait en Perse au Xe siècle, dans une ville très animée où l'on pouvait acheter tous les animaux possibles et imaginables : buses féroces, léopards, geckos de toutes les couleurs et serpents aux yeux émeraude. On pouvait même trouver des crocodiles de rivière si on était prêt à y mettre le prix !

Fatima, fascinée par l'immense variété des créatures existantes, passait des heures à les dessiner. Elle entourait ses esquisses d'un cadre plein d'arabesques et les accompagnait de notes manuscrites. Sans le savoir, elle se préparait de façon idéale à son futur métier. En effet, Fatima devint une célèbre exploratrice et la première personne au monde à témoigner de sa rencontre avec une licorne Flamme du Désert.

Lorsque Fatima devint une jeune femme, elle participa à une expédition à travers le Grand Désert Salé. Elle voulait dessiner et répertorier tout ce qu'elle découvrirait au cours de son voyage. Elle remarqua rapidement des pistes de gazelles, de podoces et même de guépards. Chaque soir, elle s'accroupissait près du feu et notait ce qu'elle avait vu.

Un soir, alors que Fatima s'était réfugiée dans sa tente pour se protéger du froid glacial de la nuit, le vent se mit à souffler avec une force inhabituelle. Elle s'allongea au ras du sol et se blottit dans ses couvertures. Mais le sifflement du vent devint rugissement, et la toile de sa tente fut emportée.

Le plus grand chaos régnait dans le reste du campement. Des hommes et des femmes tentaient de calmer les chameaux, qui poussaient des cris effrayés. Les marchands rassemblaient tant bien que mal leurs marchandises disséminées dans le désert. Fatima voulut chercher ses affaires, mais elles avaient été emportées par les rafales. À un moment, elle se tourna vers une voix qui l'avait appelée, mais dans la tempête, elle ne pouvait même pas voir sa propre main. Elle trébucha et tomba. Tout devint noir.

Lorsque Fatima se réveilla quelques heures plus tard, elle découvrit avec horreur que ses compagnons de voyage n'étaient plus là. Elle cria, mais sa voix se perdit dans le désert. La panique l'envahit. Elle tenta de se raisonner : il suffisait de marcher vers l'est, où elle habitait, en se repérant grâce à la position du soleil. Mais sa progression était lente et laborieuse. À l'approche de midi, la chaleur devint insupportable. Le visage de Fatima ruisselait. Elle aurait donné tout ce qu'elle possédait pour une simple gorgée d'eau. Désespérée, elle tomba à genoux et fit glisser le sable à travers ses doigts. « S'il vous plaît, à l'aide ! » cria-t-elle - et c'est alors qu'elle vit quelque chose d'inhabituel...

Une étrange lumière miroitait au loin, comme si le soleil se réfléchissait sur une surface métallique. Fatima se frotta les yeux, persuadée que c'était un mirage. Elle vit alors un autre éclair de lumière, puis un autre encore...

Une harde de chevaux s'approchait d'elle. Des chevaux comme elle n'en avait jamais vu. C'était un troupeau de licornes - des créatures rarissimes qu'elle n'avait jusqu'alors rencontrées que dans les contes.

La licorne qui menait la harde baissa la tête et lui donna un petit coup de museau, puis elle s'ébroua et tapa doucement du sabot. Elle avait des yeux brun profond, une robe couleur fauve et une magnifique corne ondulée. Elle encouragea Fatima à se relever.

À présent, les autres licornes s'étaient approchées aussi. Elles avaient l'air curieuses, comme si elles n'avaient jamais rencontré d'êtres humains auparavant. Fatima sentit qu'elle était en présence de quelque chose de spécial - et même de magique. Les licornes étaient douces, mais fières, et dégageaient une odeur qui lui rappelait le citronnier de sa grand-mère.

Le troupeau l'entoura et la poussa gentiment à les suivre. Fatima était ravie de marcher auprès d'elles. Elle prenait soin de garder ses distances avec leurs cornes en bronze, qui pouvaient la blesser.

Les licornes la menèrent jusqu'à une oasis perdue au milieu du désert. Elles s'attroupèrent autour d'une mare où d'autres animaux se désaltéraient joyeusement.

Avec sa corne, une des licornes secoua un grand dattier qui se dressait au-dessus de leurs têtes. Le sol se retrouva jonché de fruits juteux. Fatima but l'eau avec reconnaissance et dévora les dattes. Lorsque les nuages s'amoncelèrent dans le ciel, elle s'abrita comme elle le put au milieu de la harde. Mais les rafales de vent se firent si violentes que même les licornes décidèrent de fuir.

Alors que la tempête de sable se rapprochait, l'une des Flammes du Désert invita Fatima à monter sur son dos. Dès qu'elle s'agrippa à son épaisse crinière, la licorne partit au galop. C'était la créature la plus rapide qu'elle ait jamais rencontrée. Lorsque le sable les enveloppa de toutes parts, les licornes se mirent à taper du sabot. Fatima ressentit une étrange sensation de légèreté. Elle comprit que la licorne qu'elle chevauchait avait quitté le sol.

La licorne volait ! Fatima vit le sol devenir lointain et minuscule. La corne en bronze de la licorne étincelait et ses sabots luisaient d'une flamme orangée.

Épuisée, Fatima se blottit contre l'animal et s'endormit. Lorsqu'elle se réveilla, la créature la déposait doucement à terre. Regardant autour d'elle, elle reconnut les environs.

Elle était aux portes de sa ville natale. Elle caressa le flanc de la licorne, puis celle-ci s'éloigna, et en moins de temps qu'il ne faut pour le dire, elle avait déjà disparu.

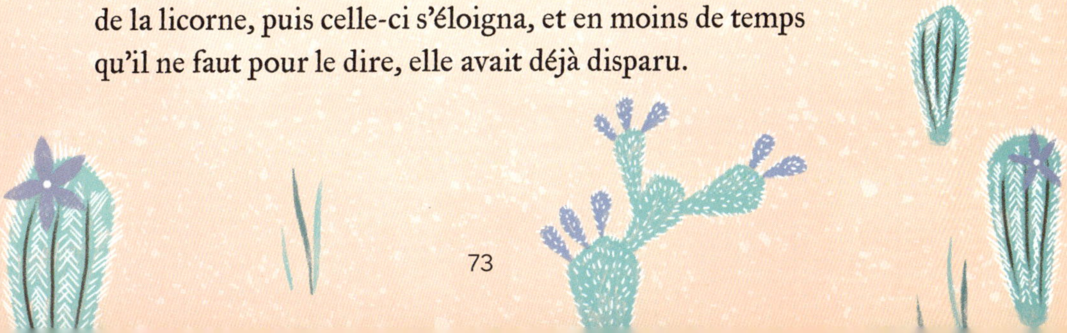

Une fois rentrée chez elle, Fatima raconta son histoire à ceux qui voulaient l'écouter. Naturellement, elle rencontra beaucoup de scepticisme. Lorsqu'elle dessina ce qu'elle avait vu, on l'accusa d'inventer. C'est alors qu'elle décida de devenir exploratrice, afin de retrouver les Flammes du Désert et de prouver qu'elle disait vrai.

Au fil des ans, elle retourna souvent dans le désert. Elle revit les licornes magiques, qui la reconnaissaient et l'accueillaient chaque fois avec des hennissements ravis et des petites caresses du museau. Il suffisait qu'elle se souvienne de son voyage à travers ciel pour qu'un sourire lui monte aux lèvres.

Ce que l'on sait des Flammes du Désert

Spécificité

Les Flammes du Désert sont les licornes
les plus rapides au monde.

Corne

Leur corne est en bronze chatoyant et ondulé
comme les dunes du désert balayées par le vent.

Apparence physique

Elles ont une robe sable avec une crinière
et une queue couleur de feu.

Habitat

Elles vivent dans des déserts arides
ou des environnements secs et rocailleux.

Magie

Peuvent galoper très vite – Savent voler.

Symbole

Les Flammes du Désert
vivent en harde et sont connues
pour secourir
les personnes en détresse.

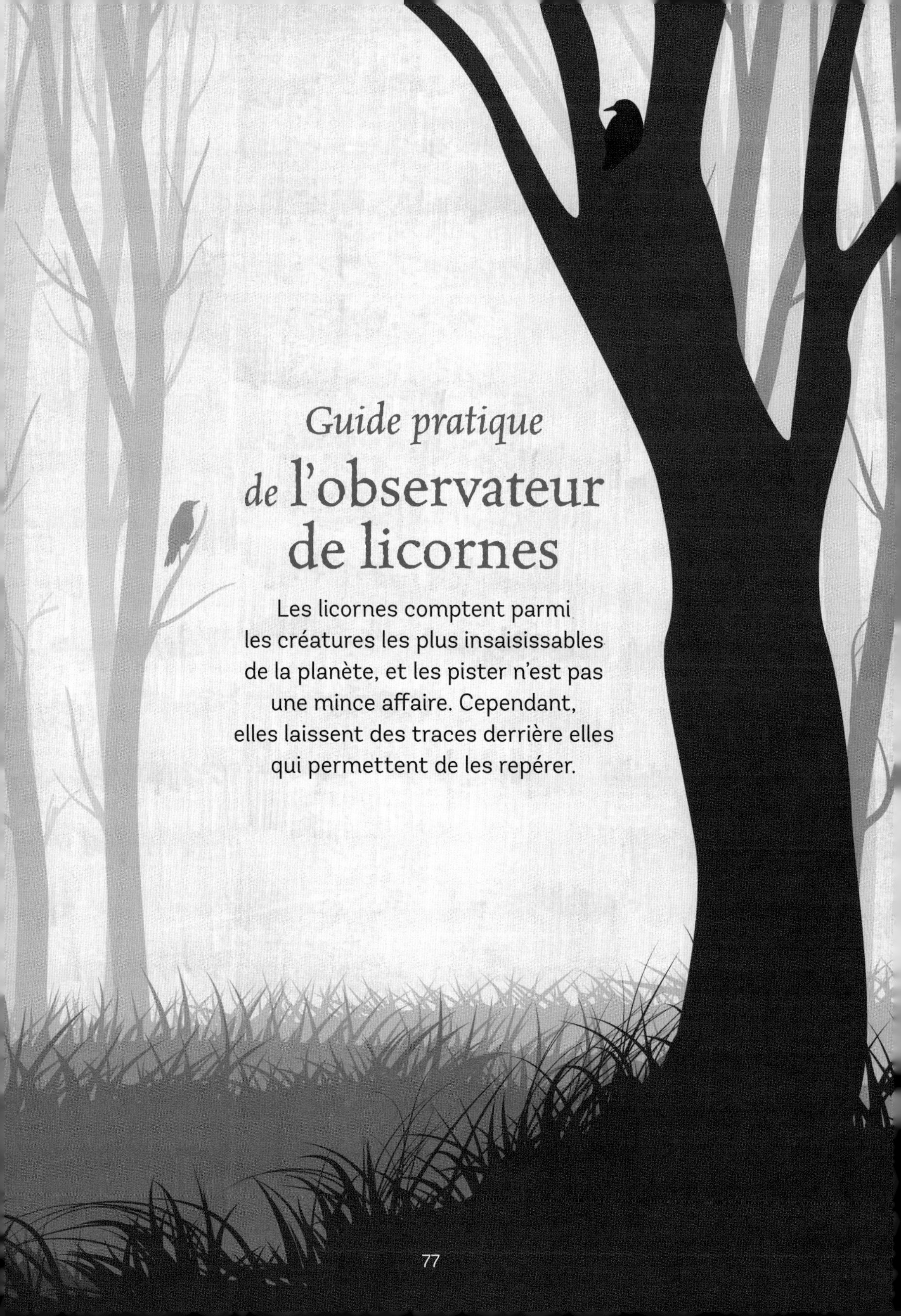

Guide pratique *de* l'observateur de licornes

Les licornes comptent parmi les créatures les plus insaisissables de la planète, et les pister n'est pas une mince affaire. Cependant, elles laissent des traces derrière elles qui permettent de les repérer.

Quand peut-on observer des licornes ?

Les licornes ne peuvent être aperçues
qu'à certains moments de la journée ou de la nuit,
et à certaines périodes de l'année.
Vous devez en tenir compte si vous voulez en voir une.

Les Suiveuses d'Orage

sont très liées aux éléments
et sont particulièrement actives
lorsque la nature se déchaîne.

Les Lunes d'Eau

sont surtout actives
au crépuscule, au moment
où la lune apparaît dans le ciel.

Les Vagabondes des Glaces

dorment rarement. On peut donc
les voir à toute heure du jour
et de la nuit, mais elles aiment
particulièrement le petit matin,
quand les températures
sont les plus basses.

Les Flammes du Désert

se montrent surtout à midi,
quand le soleil est au zénith
et la température la plus élevée.
La nuit, quand le froid tombe,
elles se blottissent les unes
contre les autres
pour se tenir chaud.

Les Joyaux des Montagnes

sont des lève-tôt.
Elles arpentent les pentes
rocheuses des montagnes
par tous les temps,
qu'il pleuve ou qu'il vente.

Les Ombres de Nuit

ne peuvent se voir
qu'au cœur de la nuit.
Pour en apercevoir une,
il vous faudra
veiller très tard.

Les Fleurs des Bois

n'ont jamais été vues en hiver,
car elles hibernent au fond des grottes.
Elles reviennent dans la forêt
à l'arrivée du printemps.

Identifier leurs empreintes

Les empreintes de chacune des familles de licornes ont été étudiées par Mariana de Fey, membre de la Confrérie. Voici le guide qu'elle a élaboré.

Les licornes vivent
en harmonie avec notre
magnifique planète.

Les VAGABONDES DES GLACES

Les Vagabondes des Glaces vivent dans les régions les plus froides du globe, depuis les plaines enneigées de Sibérie jusqu'aux banquises des pôles Nord et Sud. Elles sont parfaitement adaptées au froid grâce à leur épais pelage blanc, qui leur fournit un camouflage parfait contre les prédateurs.

Les Vagabondes des Glaces du Sud sont complètement blanches, avec une corne torsadée couleur perle. Elles vivent en Antarctique. Elles arpentent la banquise, nagent dans les eaux glacées et ont déjà été vues en train de jouer avec d'autres animaux marins, tels les manchots et les phoques. Les Vagabondes des Glaces du Nord sont plus solitaires. Elles sont elles aussi blanches, mais d'un blanc plus brillant et, selon la lumière, elles scintillent des couleurs de l'arc-en-ciel. Leur corne, entièrement en glace, est lisse. Si par aventure elles se risquaient sous des climats plus cléments, leur corne fondrait, et elles mourraient.

Vous savez peut-être qu'au Nord comme au Sud se produit parfois un phénomène appelé aurore boréale ou aurore australe. Ce sont de magnifiques jeux de lumière dans le ciel nocturne, allant du vert au rose et au rouge. En Amérique du Nord, on raconte que ce sont les esprits des morts qui dansent dans le ciel. Dans le folklore chinois, ces lumières représentent une bataille entre les dragons du Bien et du Mal. Les Finlandais, eux, racontent l'histoire d'un renard qui courut si vite que sa queue s'enflamma, illuminant le ciel. Aujourd'hui, la plupart des scientifiques vous diraient qu'une aurore se produit lorsque la couche supérieure de l'atmosphère est perturbée par des vents solaires. Mais les membres de la Confrérie des Licornes Magiques savent bien que ces lumières cachent quelque chose de magique...

Il y a des années de cela, j'étais parti en expédition dans le Grand Nord afin de faire des études de terrain sur les Vagabondes des Glaces. Les licornes du Nord vivent à l'écart les unes des autres. Il n'y en a sans doute guère plus d'une vingtaine dans toute la région Arctique. Cependant, ces vingt licornes se rassemblent à deux moments précis de l'année - pendant les solstices d'été et d'hiver.
En Arctique, les solstices sont spectaculaires. Lors de celui d'hiver, il fait nuit toute la journée, tandis qu'au solstice d'été, le soleil ne se couche pas pendant vingt-quatre heures.

Les Vagabondes des Glaces se retrouvent donc ces deux jours de l'année, tapent du sabot pour se saluer et folâtrent ensemble, comme si elles s'échangeaient les derniers potins. Mais je m'étais toujours demandé comment elles savaient quel jour et où se retrouver, et ce qu'elles pouvaient bien « se dire »... Après tout, ces licornes étaient des créatures mutiques et solitaires...

... Ou du moins le croyais-je. Quelque temps avant le solstice d'hiver, je suivis une Vagabonde des Glaces dans l'espoir d'en apprendre davantage. Il me fallut

des semaines entières de repérages minutieux, mais ce que je découvris me laissa stupéfait. Lorsque le ciel fut noir d'encre, ma licorne leva la tête et, avec sa corne, émit un superbe rai de lumière rose à travers les ténèbres. Après une ou deux secondes, une lumière jaune vif remplit le ciel, comme en réponse. Pendant plusieurs minutes, les rais de lumière roses et jaunes se succédèrent, illuminant la voûte céleste.

Peu après, une licorne apparut dans le paysage enneigé, la corne d'un jaune étincelant. Je compris alors le sens de ces lumières. Elles leur permettaient de communiquer entre elles ! C'était une sorte de télépathie céleste.

Cela me fit voir la mythologie norvégienne sous un nouveau jour. Les dieux scandinaves vivaient en un lieu appelé Asgard, relié à la Terre par un arc-en-ciel qui faisait office de pont. Certains pensaient que les étranges lumières qu'ils voyaient parfois dans le ciel étaient les reflets du soleil ou de la lune sur les armures des dieux et déesses qui traversaient ce pont.

Ce mythe était très répandu au temps de Thora la Brave. Thora, pour son malheur, naquit l'aînée à une époque où seuls les hommes avaient le droit d'hériter du trône. Son frère cadet, Grim, n'entendait pas le lui céder et, à la mort du vieux roi, il s'en empara. Thora, qui n'avait alors que quinze ans, fut exilée dans les terres gelées, où elle erra pendant des années, entourée d'un petit groupe de fidèles. Chaque matin au réveil, elle faisait le serment de revenir au château où elle était née et de reprendre le trône à son frère.

Un jour, alors que Thora et ses fidèles étaient en train de chasser le phoque, ils virent des lumières colorées se déployer dans le ciel. Ils continuèrent à chasser, croyant que c'était des reflets sur les armures des dieux. Mais en guise de phoque, ils trouvèrent une Vagabonde des Glaces coincée entre deux rochers au milieu d'un torrent glacé. La créature en détresse se débattait en gémissant et sa corne envoyait des appels lumineux. Lorsque Thora s'approcha, sa nervosité et sa panique augmentèrent encore, mais la jeune fille sut la rassurer en lui parlant doucement. Elle la délivra et la soigna jusqu'à ce qu'elle reprenne des forces. Un lien spécial se noua entre elles, au point que la Vagabonde des Glaces suivit dès lors Thora dans tous ses voyages.

Au solstice d'été suivant, alors que le soleil brillait à minuit, Thora sut qu'il était temps de reprendre son trône. Elle était devenue une jeune femme forte et endurante, et une guerrière accomplie. Elle se lança dans la bataille en chevauchant sa fidèle Vagabonde des Glaces, qui était presque invincible. Et lorsqu'elle levait son épée, celle-ci rayonnait de toutes les couleurs d'une aurore boréale, dégageant une énergie surnaturelle et fauchant tout sur son passage.

La bataille fut longue et les pertes considérables, mais Thora en sortit victorieuse. Elle fit jeter son frère dans un donjon et monta sur le trône. Pendant soixante ans, elle régna avec justice et clémence, et la Vagabonde des Glaces resta toujours à ses côtés. Lorsque Thora mourut de vieillesse, la licorne repartit dans le Grand Nord et personne ne la revit plus jamais.

Depuis cette époque, les Vagabondes des Glaces symbolisent la force, la ténacité et la justice dans tout l'hémisphère Nord. Thora est la seule humaine à avoir noué un lien proche avec l'une d'entre elles, et avec le temps, leur histoire est devenue une légende. Il est si rare d'apercevoir une Vagabonde des Glaces que certains commencèrent à douter de leur existence. Par chance, j'ai pu en voir plusieurs de mes propres yeux.

Ce que l'on sait sur les Vagabondes des Glaces

Spécificité

Les Vagabondes des Glaces créent de magnifiques spectacles de lumière dans le ciel.

Corne

La corne des Vagabondes du Nord est en glace et lisse, tandis que celle des Vagabondes du Sud est en nacre et torsadée.

Apparence physique

Ces licornes ont une robe blanche étincelante avec une crinière et une queue couleur crème. La crinière des Vagabondes du Nord peut scintiller de toutes les couleurs de l'arc-en-ciel.

Habitat

Elles vivent sous des climats froids et neigeux.

Magie

Communiquent grâce à des lumières magiques – Presque invincibles.

Symbole

Les Vagabondes des Glaces symbolisent l'endurance et la force d'âme face à l'adversité.

Les cinq qualités des licornes

Si les sept familles de licornes
n'ont pas les mêmes pouvoirs magiques
ni la même apparence physique, elles partagent
un certain nombre de traits communs.

Magie

Chaque licorne est imprégnée de magie, depuis sa corne étincelante jusqu'à sa queue.

Grâce

Les licornes sont des créatures gracieuses qui dégagent une impression d'élégance et de calme.

Loyauté

Les licornes sont fidèles aux autres membres de la harde et forment parfois des liens très forts avec les humains.

Bonté

Les licornes évitent les conflits, s'attaquent rarement aux humains et n'hésitent pas à porter secours aux autres créatures.

Force

Les licornes sont naturellement fortes et endurantes.

Observons les étoiles

Si vous levez les yeux vers le ciel la nuit, vous pourrez découvrir une licorne au milieu des étoiles. Elle se présente sous la forme d'une constellation (une série d'étoiles) et se situe entre trois autres constellations célèbres – Orion (le Chasseur), Le Grand Chien et le Petit Chien.

Les SUIVEUSES D'ORAGE

Les Suiveuses d'Orage ont des pouvoirs si spectaculaires que nous disposons d'une multitude de témoignages à leur sujet. Dès que les membres de la Confrérie se réunissent, chacun y va de sa petite anecdote :

« Quand elle a tapé du sabot, le ciel a tremblé et on a entendu un roulement de tonnerre. »

« J'ai prouvé que leur queue de flammes conduit l'électricité. »

Beaucoup des histoires qui courent sur les Suiveuses d'Orage paraissent incroyables et pourtant, d'après mon expérience, la plupart sont vraies. Ce sont des licornes extrêmement puissantes, qui exercent un véritable pouvoir sur les forces de la nature.

Les Suiveuses d'Orage vivent en Amérique centrale et du Sud. Il en existe quatre types différents. Tout d'abord, les licornes Soleil, connues pour leur robe bouton d'or et leur crinière et leur queue couleur soleil. Leur corne est en quartz citron étoilé, une pierre jaune pâle. Les jours froids et sombres, ces licornes s'illuminent comme le soleil et produisent une chaleur qui fait immédiatement monter la température. Les licornes Soleil représentent le bonheur et l'espoir.

Ensuite, nous avons les Variables. L'apparence de ces licornes change selon le temps. Lorsqu'il fait soleil, elles brillent. Lorsqu'il pleut, elles deviennent gris foncé tacheté de blanc. Lorsque le vent souffle, leur couleur passe subitement du violet au bleu clair. On les reconnaît à leur corne en jade, qui peut apparaître verte, jaune ou mauve selon le temps. Les Variables sont associées aux émotions fortes, mais fluctuantes.

Troisièmement, nous avons les licornes Neige, qui vivent en haut des montagnes d'Amérique centrale. Elles sont trapues et robustes, avec un pelage blanc étincelant et une crinière et une queue grises. Leur corne est en pierre et leurs sabots sont aussi solides que l'acier. Leur tempérament est volcanique et quand elles tapent du pied, elles peuvent provoquer un coup de tonnerre tonitruant. Elles représentent la ténacité.

Enfin, les licornes Orage, qui ont donné son nom à la famille, sont grandes et élancées, avec une robe gris perle. Leur crinière et leur queue jaune fluo sont parcourues d'étincelles électriques. Leur corne, en opale gris nuageux, se comporte en conducteur électrique et peut recevoir la foudre sans dommage. Elles peuvent s'en servir pour protéger d'autres créatures d'une décharge mortelle. On les trouve parfois un peu plus au nord, dans des conditions climatiques plus rudes. Elles représentent la passion et l'énergie.

J'ai voyagé un jour au lac Maracaibo, au Venezuela, où l'on voit souvent ces Suiveuses d'Orage. Le temps là-bas est perpétuellement changeant et les orages y sont fréquents.

En moyenne, on compte deux cent soixante jours d'orage par an. On dit que la foudre ne tombe jamais deux fois au même endroit, mais je peux vous assurer qu'au lac Maracaibo, rien n'est plus banal.

Lors de ce séjour, je résidai chez une famille locale, qui me raconta une légende censée expliquer comment les licornes provoquaient les orages. Dans une harde se trouvaient quatre jeunes licornes, chacune d'un type différent. Il y avait une Soleil, une Variable, une Neige et une Orage. C'était leur mission de maintenir le ciel en place. Chaque licorne tenait l'un des coins de la voute céleste dans sa bouche, l'étirant au-dessus du pays comme une immense toile.

Malheureusement, les jeunes licornes étaient facétieuses. Au lieu de faire leur devoir, elles préféraient jouer. Orage, qui était la plus âgée, entraînait sans cesse ses amies Soleil, Neige et Variable dans ses bêtises - d'où leur nom : Suiveuses d'Orage. Lorsqu'elles tapaient du sabot et essayaient de s'attraper la queue, le ciel tremblait et tombait par terre, et l'air se chargeait d'éclairs. Elles avaient tellement d'énergie, et si peu de patience, qu'elles ne restaient jamais longtemps en place.

À présent, laissez-moi vous conter ma rencontre avec les Suiveuses d'Orage. Mes hôtes m'indiquèrent où aller pour avoir des chances d'en apercevoir. Je fis mon sac et partis avant l'aube. Assez vite, je dénichai une licorne Soleil sur les rives du grand lac. Les Soleils, particulièrement actives le matin, sont faciles à repérer. J'ai eu le temps d'en faire un dessin assez détaillé avant qu'elle ne s'enfuie.

Je décidai d'attendre la suivante. Mais j'attendis, attendis, attendis... sans que rien ne se passe. Je commençais à me demander si je n'étais pas tombé sur un des rares jours de beau temps lorsqu'un éclair zébra le ciel. Puis j'entendis le sourd grondement du tonnerre et un orage éclata. Je courus me mettre à l'abri et attendis patiemment. Quelques minutes plus tard, une licorne Orage s'approcha, bientôt suivie par plusieurs autres.

Je m'avançai vers elles avec précaution, prenant soin de ne pas les effaroucher. Elles me laissèrent approcher, mais lorsque je tendis la main pour effleurer les nasaux de l'une d'elles, un éclair fissura le ciel. Un électrochoc me parcourut et je fus projeté quelques mètres plus loin. Je dus perdre conscience, mais lorsque je repris mes esprits, les Orages m'encerclaient. En me servant de bouclier,

elles m'avaient sauvé la vie. Elles attendirent que je me relève, puis m'accompagnèrent jusqu'au village pour me protéger. Il régnait une atmosphère étrange, entre l'électricité de la foudre et la magie des licornes. Les poils se hérissaient sur ma nuque, mes doigts fourmillaient, et je pouvais dessiner dans les airs comme avec un cierge magique.

Les membres de la famille qui m'hébergeait furent impressionnés par ce qui m'était arrivé, mais ils ne furent pas du tout surpris que les licornes se soient portées à mon secours. Lorsqu'ils virent les étincelles qui crépitaient au bout de mes doigts, ils me surnommèrent « Éclair » - surnom que j'ai conservé. En revanche, je n'ai pas gardé ce pouvoir, malheureusement. Il a disparu au bout de quelques jours, et c'est fort dommage, car j'aurais adoré offrir aux membres de la Confrérie un petit spectacle de feu d'artifice.

Ce que l'on sait des Suiveuses d'Orage

Spécificité

Les Suiveuses d'Orage sont les seules licornes qui possèdent un pouvoir absolu sur les éléments.

Corne

Leur corne varie – elle peut être en quartz citron étoilé, en jade, en opale ou en pierre.

Apparence physique

La couleur de leur robe varie elle aussi selon leur type. Certaines sont gris orage, d'autres jaune éclair, tandis que d'autres encore sont blanches comme neige.

Habitat

Les Suiveuses d'Orage vivent en général en Amérique centrale, près des lacs ou à l'ombre des montagnes.

Magie

Peuvent faire changer la météo – Provoquent des éclairs – Conduisent l'électricité.

Symbole

Les Suiveuses d'Orage sont associées aux forces de la nature et représentent les émotions fortes, comme la passion et la colère.

Quelques croyances et mystères à propos des licornes

Les croyances et les superstitions qui courent sur les licornes sont essentiellement liées à leurs pouvoirs magiques.

Faites un vœu

Si vous jetez un caillou parfaitement rond dans une mare, vous pouvez faire un vœu en pensant à une licorne. Cela vous apportera santé et bonheur.

Photographies

Les licornes n'apparaissent pas sur les photographies – c'est pourquoi les seules images qu'on possède d'elles sont des dessins et des esquisses. Tenter de les prendre en photo porte malheur.

Arc-en-ciel

Dans de nombreuses cultures, les licornes et les arcs-en-ciel sont liés. Certains pensent que si vous voyez un arc-en-ciel, votre licorne ange gardien n'est pas loin. *(pages 114-115)*

Miroirs

Une ombre inexpliquée sur la surface d'un miroir peut indiquer la présence d'une Ombre de Nuit. Ces licornes se déplacent entre le monde des rêves et la réalité, et elles peuvent aussi se refléter sur une vitre ou sur l'eau.

Joyaux

Opales, rubis et émeraudes contiennent en eux l'esprit des Joyaux des Montagnes. Porter ces pierres vous donne de la chance, de la force et de l'endurance.

Flammes

Allumer un feu à minuit peut faire naître une Flamme du Désert.

Éclipse solaire

Les éclipses solaires augmentent vos chances d'apercevoir une licorne. Mais cela renforce aussi leurs pouvoirs magiques. Certains disent même que, les jours d'éclipse totale, on peut voir les licornes d'Or et d'Argent.

Les OMBRES DE NUIT

Depuis la création de la Confrérie, l'existence des Ombres de Nuit n'a jamais cessé de faire débat. Car s'il est vrai que toutes les licornes sont rares et difficiles à trouver, les Ombres de Nuit restent les plus mystérieuses. Aujourd'hui encore, on ne parle d'elles qu'à voix basse.

Au fil des ans, d'éminents membres de la Confrérie des Licornes Magiques ont rapporté des rumeurs sur les Ombres de Nuit, mais aucune preuve de leur existence n'a jamais pu être fournie. Les descriptions que nous possédons sont toujours très imprécises. Les membres du monde entier ont tenté de savoir dans quelle partie du globe elles vivaient, mais elles semblent vivre partout et nulle part à la fois. Tout ce que je peux en conclure, c'est qu'à la différence des autres licornes, elles n'ont pas de forme tangible. Les Ombres de Nuit sont des êtres célestes, faits de magie pure, qui peuvent exister dans le monde de l'esprit aussi bien que dans le royaume terrestre.

Si les Ombres de Nuit sont si difficiles à décrire, c'est qu'elles ne sont visibles que la nuit et qu'elles n'ont pas de forme précise. Cela explique pourquoi elles apparaissent souvent dans les rêves. On raconte qu'elles peuvent passer indifféremment du monde des songes à la réalité. Elles guérissent les maladies, chassent les cauchemars et vous soufflent des idées pour résoudre vos problèmes.

La première fois qu'une Ombre de Nuit m'est apparue, j'étais dans la jungle en Amérique du Sud. J'explorais la piste d'une huitième famille de licornes - piste qui s'avéra par la suite infructueuse. Alors que je revenais au campement, je me sentis soudain pris d'une fièvre intense et je me mis à transpirer à grosses gouttes. Les arbres semblaient osciller autour de moi.

Mon guide me dit que j'étais gravement malade et m'imposa le repos. Je m'installai alors du mieux possible à l'ombre d'un grand arbre. Je passai une journée entière entre conscience et inconscience. Ce fut l'un des jours les plus terribles de ma vie. Heureusement, le soleil finit par disparaître à l'horizon et la température de la jungle baissa avec la tombée de la nuit.

C'est là que se produisit un phénomène des plus étranges. Dans le crépuscule, je vis une ombre se déplacer entre les arbres. C'était à n'en pas douter une licorne, mais une licorne telle que je n'en avais encore jamais vu. Sa robe était d'un noir profond moucheté de blanc, comme un ciel étoilé, sur sa tête se dressait une corne en onyx si sombre qu'elle reflétait à peine la lueur de la lune, et elle se déplaçait sans bruit. Je voulus prévenir mes compagnons qui dînaient juste à côté, mais lorsque j'ouvris la bouche, pas un son n'en sortit. Ils ne pouvaient pas entendre mes cris, et je réalisai qu'ils ne pouvaient pas non plus voir la licorne.

Je sus d'instinct que c'était une Ombre de Nuit. Sa crinière argentée ondulait et son corps noir semblait diffuser une énergie magique. Elle s'approcha si près que je crus qu'elle allait me piétiner, mais elle passa à travers mon corps. C'est l'expérience la plus surnaturelle que je fis jamais. Mais je n'avais pas peur. Au contraire, sa présence m'apaisait.

Elle posa sa grosse tête contre ma poitrine et hennit doucement. À ce moment-là, je sombrai dans un sommeil profond et rêvai qu'une Ombre de Nuit me montrait le chemin hors de la jungle.

Le lendemain matin, je me réveillai régénéré. Je ne m'étais pas senti aussi bien depuis longtemps, bien qu'ayant frôlé la mort la veille. Mon esprit était clair, je me sentais fort et rempli d'énergie. Je racontai à mes amis ce qui s'était passé. Bien que tous membres de la Confrérie des Licornes Magiques, ils se montrèrent sceptiques. Comment était-il possible qu'ils ne l'aient pas vue alors qu'elle était passée si près d'eux ? Je n'avais pas d'explication. Je savais seulement que j'avais vu la licorne à la fois dans la réalité et dans mon rêve. J'étais certain qu'elle m'avait sauvé la vie. Et pour preuve, je pouvais les guider hors de la jungle en suivant le chemin que l'Ombre de Nuit m'avait montré.

Lorsque je revins à Londres, je me rendis directement à Silver Square, où se trouve l'immense bibliothèque de la Confrérie des Licornes Magiques, et je passai des jours entiers à chercher des témoignages sur les Ombres de Nuit. Je finis par tomber sur un journal intime à l'écriture serrée et aux magnifiques illustrations. Il avait appartenu à un confrère américain, un historien nommé Chester Lewis. Cent cinquante ans plus tôt, celui-ci avait participé à des fouilles archéologiques en Grèce et il avait fait partie de l'équipe qui avait retrouvé, profondément enterrée dans un temple, une tête de cheval sculptée dans la pierre. Il avait supposé qu'une corne ornait autrefois sa tête, mais qu'elle s'était brisée.

De nouvelles recherches lui avaient permis d'affirmer que les Grecs de l'Antiquité vénéraient les Ombres de Nuit. Ils pensaient que rêver d'une licorne apportait toutes sortes de bienfaits, comme une victoire militaire, une guérison miraculeuse ou des richesses inespérées. Ils peignirent des Ombres de Nuit sur leurs vases et édifièrent des temples en leur honneur. Dans son journal, Chester rapportait toutes ses trouvailles par le menu.

Cependant, au bout de quelques semaines survint une série de malheurs. L'un des ouvriers tomba dans un trou fraîchement creusé et se blessa grièvement. Un chercheur fut pris de fièvre et eut des visions d'incendie. Les oiseaux et les animaux contournaient soigneusement le lieu des fouilles. Chester, inquiet, alla consulter une érudite.

Celle-ci lui raconta ce que les habitants de la région pensaient le temple maudit. Longtemps auparavant, un roi cruel avait tenté de capturer une Ombre de Nuit et contre toute attente, il avait réussi. Il l'avait alors emprisonnée dans une grande jarre en terre cuite et l'avait gardée comme animal familier afin qu'elle réalise tous ses désirs. Erreur funeste. Lorsque la licorne s'échappa enfin, la famine et la maladie ravagèrent le pays. Bientôt, le royaume entier fut détruit.

Chester Lewis ne sut que penser de cette histoire. En tant que membre de la Confrérie, il n'avait jamais entendu parler d'une licorne qui avait utilisé sa magie contre les humains. Son journal s'arrêtait brutalement. D'après ses collègues, il serait retourné sur le site une dernière fois afin de tenter de découvrir la vérité, mais ce jour-là, un terrible incendie détruisit définitivement les ruines du temple. Son journal fut envoyé à la Confrérie par une main anonyme et personne n'entendit plus jamais parler de lui. Son journal est toujours à la bibliothèque aujourd'hui.

Quoi qu'il en soit, il est clair que les Ombres de Nuit disposent de pouvoirs dévastateurs et mystérieux. L'histoire de Chester est là pour nous rappeler que les licornes, comme tous les animaux sauvages, doivent être traitées avec respect. Je suis convaincu, néanmoins, que l'Ombre de Nuit rencontrée dans la jungle m'a sauvé la vie, et que nous avons encore beaucoup à apprendre au sujet de ces étranges et insaisissables licornes.

Ce que l'on sait des Ombres de Nuit

Spécificité

Les Ombres de Nuit sont des êtres célestes.
Ce sont les seules licornes faites de magie pure.

Corne

Leur corne est en onyx noir.

Apparence physique

Les Ombres de Nuit sont des créatures intangibles.
Lorsqu'elles apparaissent sous une forme physique,
leur crinière paraît argentée et leur robe violet foncé ou noire,
constellée d'étoiles.

Habitat

Ces licornes vont et viennent entre le monde de l'esprit,
le monde des rêves et la réalité.

Magie

Capacité à apparaître dans les rêves –
Pouvoirs guérisseurs.

Symbole

Les Ombres de Nuit
représentent le sommeil
et le pouvoir des rêves.

Les licornes anges gardiens

Nous avons tous une licorne ange gardien qui veille sur nous. Ces licornes sont en résonance avec notre propre énergie et nous offrent conseils, protection et réconfort. Faites le test pour trouver quelle licorne vous correspond, puis tournez la page pour découvrir ce que cela signifie.

Début

Si vous partiez à l'aventure, que choisiriez-vous ?

Un voyage sur une île tropicale a priori déserte.

Sur l'île, vous vous retrouvez acculé par un serpent menaçant. Que faites-vous ?

Vous restez calme et vous lancez quelque chose pour détourner son attention et prendre la fuite.

Vous imaginez un moyen compliqué de bloquer le serpent pour vous enfuir.

Une expédition sur un glacier près du pôle Nord.

Le voyage promet d'être rude et demande beaucoup d'organisation. Que faites-vous ?

Vous préparez dans les moindres détails votre expédition en solitaire.

Vous constituez une équipe. Tout est toujours plus facile à plusieurs.

Vous rencontrez des gens qui vivent sur l'île. Que faites-vous ?

Vous vous montrez poli et cherchez à devenir leur ami.

Fleur des Bois

Vous décidez de continuer votre exploration.

Flamme du Désert

Le temps se gâte. C'est sûrement la période de la mousson. Que faites-vous ?

Vous trouvez un abri et attendez que la pluie cesse.

Vous savourez l'atmosphère de l'orage.

Suiveuse d'Orage

La nuit tombe sur le glacier. Comment passez-vous votre première nuit ?

Vous vous couchez tard et comptez les constellations dans le ciel étoilé.

Vagabonde des Glaces

Vous vous installez confortablement dans votre tente et vous endormez.

Ombre de Nuit

Vous venez d'arriver au glacier. Que faites-vous en premier ?

Vous restez près du rivage pour observer les baleines et les manchots.

Lune d'Eau

Vous vous frayez un chemin dans la neige et commencez l'ascension de la pente glacée.

Joyau des Montagnes

Votre licorne ange gardien

Si vous voyez un arc-en-ciel, c'est que votre licorne ange gardien n'est pas loin. Après avoir trouvé à quelle famille appartient la vôtre, découvrez maintenant ce que cela signifie.

Fleurs des Bois

Connues pour leur calme et leur gentillesse, elles vivent en harmonie avec les arbres et les fleurs. Les personnes associées aux Fleurs des Bois sont chaleureuses, douces, et aiment la nature.

Flammes du Désert

Célèbres pour leur vitesse et leur force, elles vivent au sein de hardes très soudées. Les personnes associées aux Flammes du Désert aiment l'aventure. Elles sont déterminées et loyales.

Suiveuses d'Orage

Ces licornes ont un lien puissant avec les forces de la nature. Les personnes associées aux Suiveuses d'Orage adorent les défis. Elles sont passionnées, vives d'esprit et fougueuses.

Joyaux des Montagnes

Robustes et résistantes, ces licornes vivent en harde. Les personnes associées aux Joyaux des Montagnes sont loyales et courageuses. Elles sont sociables et aiment avoir de la compagnie.

Ombres de Nuit

Ces licornes apparaissent dans les rêves. Ceux qui ont une Ombre de Nuit comme gardienne sont imaginatifs, sensibles et créatifs. Ils ont sans cesse de nouvelles idées.

Lunes d'Eau

Ces licornes sont des êtres mystiques et fascinants. Les personnes liées aux Lunes d'Eau sont altruistes, attentionnées, intelligentes et patientes. Elles aiment se trouver près de l'eau.

Vagabondes des Glaces

Ces licornes préfèrent leur propre compagnie. Ceux qui sont associés aux Vagabondes des Glaces sont des personnes qui savent écouter. Ils sont courageux, astucieux et endurants.

Devenir membre de la Confrérie des Licornes Magiques

Pendant longtemps, la Confrérie des Licornes Magiques est restée une organisation secrète et chaque branche n'était constituée que de quelques membres. Nous veillions jalousement sur les licornes et leurs mystères. Les critères d'admission étaient alors très stricts. Aujourd'hui, la procédure s'est assouplie (nous n'exigeons plus d'avoir rencontré deux fois des licornes, par exemple). Les trois étapes d'admission sont détaillées dans les pages qui suivent.

Première étape :
l'Énigme

Saurez-vous résoudre l'Énigme de la licorne ?

De toutes les tailles et de toutes les formes,
Je peux servir, pour vous plaire
À percer un cactus
Ou à émettre un faisceau de lumière.
Je peux servir d'arme de combat,
Mais aussi vous guider dans les airs.
J'étincelle dans l'orage
Et sais aussi vous réchauffer.
Je peux être droite ou ondulée
Brûlante ou glacée,
D'un blanc nacré
Ou encore dorée.
Sans moi, jamais vous ne seriez
Une licorne magique vagabondant en liberté.
Que suis-je ?

Deuxième étape :
le Serment

Tous les membres de la Confrérie doivent être capables de réciter ce serment par cœur :

Par la force des Joyaux des Montagnes
Et par la générosité des Fleurs des Bois,
Par la célérité des Flammes du Désert,
Par les sabots, par les cornes, par la magie.

Je jure de garder à jamais le secret
Et de toujours protéger les licornes.
Je suis fier d'être un membre dévoué
De la Confrérie des Licornes Magiques !

Troisième étape :
Rejoindre la Confrérie

Une fois que vous avez résolu l'énigme et retenu par cœur le serment, vous êtes prêts à rejoindre la Confrérie !

La huitième famille de licornes

Il nous reste beaucoup à apprendre sur les licornes et nous avons toutes les raisons de penser qu'il existe aujourd'hui une huitième famille de licornes, qui n'a pas encore été étudiée.
La Confrérie s'emploie activement à en découvrir davantage sur ces créatures inconnues, et nous avons besoin de votre aide.

Maintenant que nous avons partagé avec vous toutes nos connaissances, nous comptons sur vous pour nous aider à découvrir la huitième famille de licornes !

Au sujet des illustrateurs

La Confrérie des Licornes Magiques remercie les illustrateurs qui ont passé de longues heures à faire des recherches sur les différentes espèces de licornes, afin de proposer aux lecteurs de ce guide officiel des illustrations les plus fidèles possible.

Harry et Zanna Goldhawk

Harry et Zanna Goldhawk travaillent depuis leur petite maison au bord de la mer, en Cornouailles, une région où il n'est pas rare d'apercevoir des Fleurs des Bois. Trouvant leur inspiration dans la nature, ils créent de superbes livres et conçoivent de nouveaux objets pour leur site, Papio Press. La Confrérie considère que leurs représentations des familles de licornes sont à ce jour inégalées.

Helen Dardik

La Confrérie apprécie depuis longtemps le travail d'Helen Dardik, en particulier son talent pour exprimer la beauté et la magie de la faune et de la flore. Née près de la mer Noire, Helen a vécu en Sibérie, royaume des Vagabondes des Glaces. Elle s'est ensuite installée en Israël pour étudier l'art et le design, et elle travaille aujourd'hui comme créatrice et illustratrice au Canada.